Quest track

지난 줄거리

슈미 덕분에 아리아의 죽음에 대한 진실을 알게 된 팬텀은
세상으로 나갈 결심을 하지만, 〈시간의 신전〉의 강철 바위에 막혀 결계에 갇히는
상황에 놓인다. 한편 아카이럼과의 대결에서 작전상 후퇴한 도도, 데몬슬레이어,
메르세데스는 데몬슬레이어의 비겁한 방법에 반대하여 뿔뿔이 흩어지고, 추억의
대신관한테 쫓기던 델리코 일행은 아루루와 함께 '일석이조' 작전으로 강철 바위를
깨뜨리고 추억의 대신관도 물리친다. 슈미를 치료하기 위해 신수님을 찾아 에레브로
향한 〈크리스탈 가든〉은 정체불명의 유령선과 마주치고, 그곳에서 카이린과 아루루는
수수께끼의 인물에게 공격을 당하는데…!

코믹 MapleStory 메이플스토리 오프라인 RPG **52**

| **1판 1쇄 인쇄** 2012년 6월 11일 | **1판 1쇄 발행** 2012년 6월 20일 | **글** 동암 송도수 | **그림** 서정은 | **발행인** 유승삼 | **편집인** 최원영 | **편집** 이은정, 방유진, 배선임, 이희진, 박수정, 박주현, 오혜환 | **표지 및 본문 디자인** 최한나, design86 | **마케팅 담당** 홍성현 | **제작 담당** 이수행, 김석성 | **발행처** 서울문화사 | **등록일** 1988. 2. 16. | **등록번호** 제2-484 | **주소** 140-737 서울특별시 용산구 한강로 2가 2-35 | **전화** 791-0754(판매) 799-9171(편집) | **팩스** 749-4079(판매) 799-9334(편집) | **출력** 지에스테크 | **인쇄처** 서울교육 | **ISBN** 978-89-532-9437-0(세트) 978-89-263-9193-8

캐릭터 소개

바우

단순 무식한 듯하지만
위기의 순간엔 잔머리의 고수로
거듭나는 〈땅의 신〉 가이아의
능력을 이어받은
강철 소녀.

도도

친구와의 우정을 누구보다도
소중하게 생각하며, 친구들과
함께 메이플월드를 구하기
위해 〈시간의 신전〉에 맞서
싸우는 용감한 소년.

아루루
아픈 슈미를 신수님에게
데려가기 위해 델리코와 함께
신전의 강철 바위를 부수는
활약을 펼친
최강의 파이터.

팬텀

슈미의 도움으로 아리아의 죽음에
대한 진실을 깨닫고 그녀가 남긴
약속을 지키기 위해 아루루
일행과 함께 메이플월드로 나온
〈크리스탈 가든〉의 주인.

델리코

키우던 아기 드래곤
숙희가 신룡 아프리엔의 힘을
물려받아 자신의 꿈인 드래곤
마스터로서 한 단계 성장하게
된 델리키의 동생.

카이린

아버지 테스토넨에 대한
기억을 통해 〈시간의 신전〉의
감정 봉인 수술이 풀려
감정을 되찾게 된
영혼철의 주인.

주카
자신의 뿔이 검은 마법사의
봉인을 푸는 열쇠임을 알게
된 후, 아카이럼의 소굴에서
탈출한 와일드카고 족의
공주.

슈미
지혜의 눈이 다시 열리면서
심한 부상을 입었지만,
메이플월드를 구하기 위해
팬텀을 결계 밖으로
끌어낸 세계수의 딸.

차례

모, 몸이 움직이질 않아!!

이렇게 끝낼 순 없어…!

카이린…!!

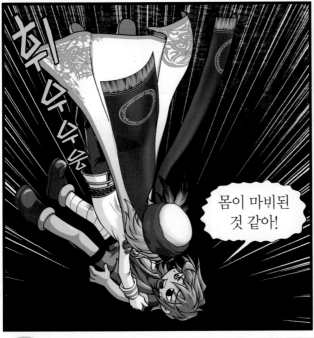

비눗방울…?

카이린이 위험해!
어서 서둘러!!

말 시키지 마…!

으아아~!!

너무 느리잖아! 카이린이 무사해야 할 텐데….

말도 안 돼…!

오르카 님께서 어떻게 이곳에…!!

그러는 바로크 님은 왜 여기 계신 건데요? 왜 아직도 카이린 주위를 서성대는 거냐고요!

지금까지의 모든 상황을 오르카 님께 보고드렸어요!

뭐라고?!

전 더 이상 바로크 님을 따르지 않겠어요! 오르카 님께 가겠습니다!

카이린 때문에 임무를 잊어버린 것도 알려 드렸으니 오르카 님이 가만히 계시지 않을걸요!

이럴 수가…!!

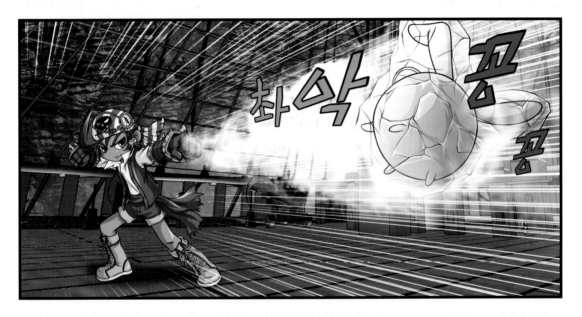

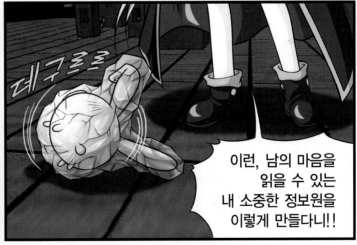

죄송합니다, 오르카 님! 저 배에서 오길래 적인 줄 착각했습니다.

굽신

아타르, 넌 너무 성급한 게 흠이야!

암리타의 행방과 팬텀의 부활을 알려 준 기특한 아이인데, 이렇게 얼려 버렸으니…

이젠 필요없어!

툭

배에 올라탄 녀석들은…?

둘 다 해치워 버렸습니다.

좋았어! 이제 암리타를 찾으러 가자!

넵!!

팍

팍

안경토끼, 남의 마음을 읽는 네 능력을 원망해라!

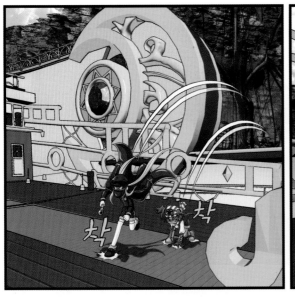

네놈들은 누구냐?!

조무래기 녀석들이 오르카 님도 몰라보고 귀찮게 하는군. 모두 재워 버려!

아타르, 팬텀을 찾아라!

넵!

어, 어떡하지? 들키면 난 끝장날 텐데…!

*11

일단 못 알아보게 변신한 다음…,

아타르!!

죽은 척 해야겠다!

팬텀은 검은 마법사 님을 봉인한 영웅 중 한 명이다. 네 힘으론 역부족일 수 있지만, 암리타를 찾을 때까지 어떻게든 시간을 끌어라!!

팬텀이 제아무리 영웅이라고 해도 제 주먹엔 당해낼 수 없을 겁니다. 맡겨 주십시오.

그 자신감!! 역시 내 부하답군. 좋아, 팬텀의 목숨은 네게 맡기겠다!

실망시키지 않겠습니다!!

다…, 다행이다.

동료도 서슴없이 해치는
냉혈인간 아타르한테
걸렸으면 큰일 날 뻔했어.

*계략 : 남을 어려움에 빠뜨리며 짜낸 꾀.

블랙윙 중에서도
싸움과 *계략에
가장 능한 게 아타르야.
카이린 님의 아버지도
그 계략에 결국…

그러고 보니
카이린 님은 어떻게
됐을까…? 카이린 님,
혼자 살 궁리를 한 저를
부디 용서하세요.

코메짱 빵빵 터지는 웃음과 손에 땀을 쥐는 모험까지! 앞으로도 더욱 재미있고
유익하게 만들어 주세요! 〈코믹 메이플스토리〉여 영원하라~! Forever~!
(김태연 | 경기도 남양주시 호평동)

*13

카이린과 아루루는 어떻게 식사 시간에 자리를 비울 수가 있지?

째릭

누난 슈미 누나가 이렇게 아픈데 먹을 게 넘어가요?

잘 먹고 건강해야 간호를 잘 할 거 아냐!!

팩 팩

끼등

탁 탁

간호는 제가 다 하고 있는데요….

저벅 저벅

누구냐?!

쿠콰

깜짝

〈코메〉를 너무 좋아하는 준호! 엄마, 아빠 생일은 몰라도 〈코믹 메이플스토리〉가
나오는 날은 안답니다! 좀 서운할 때도 있지만 준호가 좋아하니 고마워요.
(정준호 어린이 어머니 | 광주광역시 광산구 운남동)

포크와 나이프가 이렇게
무섭게 느껴지긴
처음이야…!

바우 누나!

 〈코믹 메이플스토리〉가 나오는 짝수 달에는 마음이 설렙니다. 베개맡에 성경책과 〈코메〉가 있는데, 피곤하고 우울할 때 그 두 권을 보면 위로가 된답니다.
(하향실 | 충청남도 태안군 근흥면 점죽리)

*17

팬텀은?

삳삳이 찾아보았지만 배엔 없었습니다.

오르카가 직접 여기까지 왔는데 대체 어딜 간 거야?

어쩔 수 없이 암리타를 지닌 세계수의 딸과 먼저 인사를 나눠야겠네~.

암리타여,
오르카에게 오너라!

거의 다 왔어.
이제 조금만
더 가면…!

이럴 수가!
내 크리스탈 가든이…!

마, 말을 하면
어떡해…!

드디어 암리타가 오르카 손에 들어왔다~!

암리타는 세계수와 그의 딸만이 명령할 수 있다고 들었는데….

암리타의 힘을 모조리 갖기 위해선 그래야 하지.

하지만 난 검은 마법사 님의 부활만을 바라지, 다른 욕심은 없다. 내가 원하는 건 검은 마법사 님께서 모두 해 주실 테니까.

암리타는 검은 마법사 님의 부활을 위한 도구일 뿐 그 이상도 이하도 아냐!

암리타란 게 정확히 뭐죠?

욕망이 만들어 낸 존재라고 보면 돼. 하늘에 떠다니는 뜬구름, 땅에 떨어진 이슬 같은 것이지.

당최 무슨 말씀이신지…?

어쨌든 암리타를 손에 넣었으니 검은 마법사 님을 부활시킬 수 있어! 암리타 조각으로 했던 테스트도 성공했으니까.

테스트요? 설마 테스토넨을 데비존으로 만들었던 이유가…!!

맞아!

세계수의 딸이 필요 없다면 왜 살려 두신 겁니까?

어차피 곧 죽을 앤데 굳이 암리타한테 안 좋은 모습 보일 거 없잖아?

이 기쁨을 축하할 파티를 해야겠어. 아타르, 먹을 것을 준비해!

메뉴는 뭘로…?

오르카가 좋아하는 스테이크로…

움찔

포크와 나이프 말고 숟가락과 젓가락으로 줘!

그걸로 어떻게 스테이크를…!

삐질

삐질

그럼 나더러 그 무시무시한 걸 쓰란 거야?!

무시무시 하다고요…?

코메자쟝

〈코믹 메이플스토리〉를 볼 때마다 재미있고, 즐거워요. 행복한 상상으로 늘 저를 행복하게 만들어 주는 〈코메〉! 다음 권이 빨리 나오면 좋겠어요.
(변재림 | 서울특별시 동작구 사당1동)

여기에도 없어…

금고 열쇠의 보관은
대대로 델 가문이 맡아
했지만, 보관 장소는
분명 이곳 에우렐에
있었는데….

어쩌면 내가
봉인된 동안
하늘둥지에 숨겨
두었을지도 몰라!

날아가는 모습을 보니
무지 급한 것 같은데,
큰 건가? 아님 작은 거?

메르세데스 님이
너 같은 줄
알아?

오빠…, 빨리 일어나서
동생 만나야지.
조금만 더 기다려….

이러다가 영혼이
〈죽은 자들의 나라〉로
떠나겠어….

너 왜 그래…?

키가 갑자기
커졌…?!

여기에도 없으면 어떡하지…?

아냐, 이곳엔 꼭 있을 거야!

해체!!

이곳엔 웬일인가, 엘프 여황 메르세데스.

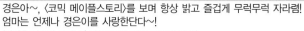

당신은 〈시간의 신전〉
대마법사였다는…!!

용케 아카이럼에게서
벗어난 것 같은데
괜히 내 제자의 마을을
부수지 말고 떠나 주게.

혹시 당신이
찾는 제자가…!

으허허헝

사랑하는 내 제자, 흑태자여!
이게 어찌된 일이란 말인가!

가짜 세계수?
라케니스 말이
사실이었잖아!

날 스컹크가
되게 한
원수 녀석!

뭐요?
델리키가 죽어?!

깜짝

그, 그럴 수가…!

가짜 세계수가
부활하다니 이를
어쩌지…? 여황님을
공격하면 큰일인데…!

어?

꿍

메르세데스 님이
오세요! 열쇠를
찾으신 걸까요?

슈아아

옆에 있는 건
누구지?

어? 저분은
야찰 마법사
님인데…?

이상하네~. 왜 자꾸 누가 따라오는 느낌이 들지? 발소리가 울려서 그런가?

너 거기서 뭐 하냐?!

앞으로도 내용이 알차면서 학습에 더 많은 도움이 될 수 있는 〈코믹 메이플스토리〉가 되었으면 좋겠습니다. 늘 사랑받는 〈코믹 메이플스토리〉 파이팅!!
(유민 어린이 어머니 | 충청북도 청주시 상당구 금천동)

난 혼자 갈 테니
너도 네 갈 길 가!

그러지 말고
같이 가자, 응…?

안 어울리게 왜 이래?
이거 놔!

알았어!

정말~?

대신
조건이 있어!

뭐든
말만 해!

아직 널 완전히 믿는 건 아냐.
나와 함께 〈시간의 신전〉으로
돌아가면 함께하겠다.

그건 안 돼! 마법진을 통해 신전으로 가면 아카이럼이 또 눈치챌 거야. 아카이럼의 실력을 직접 보고도 거길 가겠단 거야?

아카이럼과의 대결에서 쓰러졌던 날 일으킨 건 친구를 생각하는 내 마음이었어.

그 마음을 막는 게 있다면 그게 뭐든 물리칠 거야!

진심이냐? 우리 둘이 힘을 합해도 아카이럼의 발끝에도 못 미칠 텐데?

하하하하

역시
내 눈이
정확했군!

진심으로 대하면
친구가 함께할
거라고 했던가?

꽉

알았다, 나도
〈시간의 신전〉으로
가겠다!

쿵

좋아, 함께 가자!

마법진을 그릴
테니 기다려.

슥

분필
안 버리고
있었네?

버리려 했었지.
이런 바보짓을
하게 될까 봐….

날 만나서
바보가 됐단
얘기냐?

아니, 이런 바보짓도 나쁘지 않단 얘기다.

가자!

응!

무슨 짓이야?

내가 뭘 어쨌다고 그래?!

팟

얍삽한 녀석! 내 손에 분필가루를 닦았잖아!

아~, 그거? 내 까만 옷에 닦을 순 없잖아!

그러게 누가 시꺼먼 옷만 입으래?

검은색이 얼마나 고급스러운 색인데! 보는 눈이 없군!

동생 때문에 화날 땐 〈코믹 메이플스토리〉가 제게 기분 전환을 시켜 준답니다.
〈코믹 메이플스토리〉! 100권까지 쭈욱~ 이어 주세요!
(이준희 | 경기도 동두천시 지행동)

코메짱

*37

간신히 붙였네.
접착제가 마를 때까진
조심해야겠어.

이 느낌은…
마법진…?

데몬슬레이어 녀석,
도망간 게
아니었군!

그렇다면… 인간 노예를
콧방귀로 쓰러뜨릴 정도의
엄청난 힘을 감추고 있단
말이 사실…?

잠깐!

에이~ 아니겠지!
거짓말하고
도망갔던 게 틀림없어!
그 녀석한테
속은 게 한두 번도
아니잖아?

그럼 왜지? 왜
돌아온 거냐고!!
이상하잖아….

츠스

쿠쿵

그렇다면…!
데몬슬레이어가
엄청나게 강해졌단 게
진짜란 말인가?

어쩌지…?
어떡하냐고…!

도망갔던 게
아니라면….
맞다, 무기! 무기를
가지러 간 거였군!

펄쩍 펄쩍

난 아직 지팡이도 못 고쳤는데….

또 떨어졌잖아! 이건 마르는 데 왜 이렇게 오래 걸려?

끄아악

똑 똑

스 스 스 슥

뭐라는 건지 못 알아듣겠다!

전화가 왔어요.

너 언제까지 이럴래! 스피킹 연습 백 번 하고 나한테 확인 받아!

정신없어 죽겠는데 대체 누가 전화한 거야?

저나가 아떠요.

전하가 와또요.

난 또 누구라고~! 오랜만이오, 오르카 군단장!

계획은 잘 진행되고 있겠죠?

메이플월드를 손아귀에 넣은 걸 보면 알잖소.

신전도 완벽하게 *장악한 건가요?

그, 그게…. 신전을 담당했던 핑크빈 녀석이 사라져서….

그게 무슨 말입니까?

*장악하다 : 무엇을 마음대로 할 수 있게 휘어잡다.

걱정 마시오. 꼭두각시 신녀를 통해 신전을 조종할 수 있으니.

알겠어요. 그렇다면 오르카가 신전에 갈 수 있게 조치를 취해 주세요.

신전엔 왜…?

에레브의 협곡에서 암리타를 손에 넣었습니다.

이걸 이용해 검은 마법사 님을 부활시킬 방법을 알고 있어요.

깜짝

그게 정말이오?

암리타를…? 그럼 슈미는…?!

신녀를 조종해 당장 신전에 들어올 수 있도록 해 주겠소!

알겠어요. 바로 출발하겠습니다.

수학노트북 스토리텔링 수학퀴즈 70개
화제의 새 책 창의사고력 수학퀴즈 3

이렇게 기쁜 소식이 있나~. 데몬 녀석, 올 테면 와 보라지!

저나가 와떠요.

저나갓 왓떠요.

100번 다 채웠으니까 확인 받아야지~.

저나갔다 왔더요.

어딜 나갔다 왔단 거야!

삐질

삐질

이, 이게 아닌데! 스피킹 연습 100번 하고 확인 받으려는 건데!

스…키 연습… 하고… 인…는 건데.

스키 연습하고 있었다고?!

그래, 나도 한번 스키 타 보자!

빨리 달려!

신녀를 조종해야 하는데 시간만 낭비했잖아!

스피킹 연습 100번 시킨 거 또 까먹으셨나 봐…

지난번에 왔던 데는 여기가 아니었잖아!

아카이럼을 이기려면 정면 돌파는 무리다. 지금의 우리에겐 기습 작전밖에 없어.

근데 왜 하필 하수구냐?

우리 위치를 눈치채지 못하게 하려면 어쩔 수 없으니 불평하지 마.

내키진 않지만 이름을 불려 개구리가 되는 것보다는 낫겠지.

넌 걱정 안 해도 돼.

왜…?

내 이름을 기억하는 데만도 100년이 걸린 녀석이다.

아카이럼은 나이 든 상태에서 영원한 생명을 받았기 때문에 기억력이 나쁘거든!

그건 모르는 일이야. 내 이름처럼 쉬운 이름을 누가 까먹어!

개구리가 되면 어떡하지? 공격 스킬도 못 쓴다며….

이름 부를 때 안 쳐다보면 되는 별 볼일 없는 마법일 뿐이야.

그런 주제에 당하냐?

여기다! 이 위에 아카이럼이 있을 거야.

도도!

도도!

여기서 만나다니…!! 다른 애들은 어딨어?!

절대 돌아보면 안 돼!!

도도…?

도도, 그쪽은…!!

삐질

풍덩

주, 주카였구나.

첨벙

첨벙

반갑다, 친구야~!

저리 가-!

삐질

삐질

뭐? 암리타가…?

그럼 슈미는…?

나도 잘 몰라….

에델슈타인으로 돌아가자!

아카이럼은…?

지금 중요한 건
그게 아냐!

그럼 뭐가
중요한데…?

게다가 내 마법진은 2인용
이랬잖아. 3명이 들어가면
1명은 또 흩어지게 된다고.

메르세데스랑은
셋이서도 갔잖아.

메르세데스 님은
엘프라서 예외!
마족과 인간은
2명을 넘을 수 없어.

방법이 있긴 해…. 두 사람이
한 사람인 것처럼 꼭 껴안아서
마법진을 속이는 거지.

와일드카고 족인
난 마족과 인간
사이…?

냄새가 심하군.
너랑은
못 껴안겠어.

누군 박쥐랑
껴안고
싶대?

둘 다 그만 못 해?
빨리 가야 할 거 아냐!

 김포에서 천안으로 이사온 후 만나지 못하고 있는 1학년 때 친구들아, 우리가 함께 읽던
〈코믹 메이플스토리〉를 통해 인사할게. 너무 보고 싶어~!!
(오다연 | 충청남도 천안시 청수동)

델리키!

오빠~!

웬 꽃들이야?
이 옷은 또 뭐고….

어떻게 된 거지?
분명 난 벼락을
맞고….

그런데
이 느낌은 뭐지?

내 안에서
엄청난 에너지가
느껴져.

이 에너지라면 무엇이든
할 수 있을 것 같아!!

그만들 좀 울어~.
내가 깨어나서
기쁜 건 알겠는데
좀 민망하다~.

기쁨의 눈물치곤
뭔가 이상한데…?

에우렐이 어쩌다
이렇게…! 어떻게든
해야겠어!

에우렐이여…,

산산이 부서졌던
건물 조각들이
퍼즐처럼
맞춰지고
있어…!!

메르세데스 님이
몇 시간 동안
해체한 걸
단번에…!!

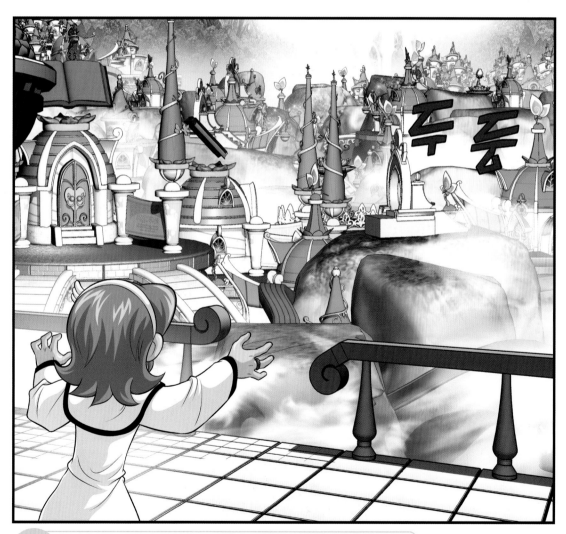

세계를 가슴에 품고 미래를 꿈꿀 수 있게 밑그림이 되어 주는 〈코믹 메이플스토리〉!
산이가 〈코믹 메이플스토리〉를 읽으며 더 큰 꿈을 키워 나가길 기대합니다.
(김산 어린이 어머니 | 경상북도 구미시 도량2동)

내가 *복구 마법을
해냈어!

*복구 : 망가지거나 부서진 것을 본디대로 고치는 것.

혹시나 하는 마음에 시도해 봤는데 진짜 성공하다니! 모든 게 이 마법 에너지 덕분이야!

봤지? 대마법사도 하기 힘든 마법을 내가 해냈다고!

표정이 왜 그래? 내 실력이 너무 뛰어나서 배라도 아프냐?

뭐야~, 메르세데스 너도 배 아픈 거야?

벼락 맞길 잘했어! 덕분에 이렇게 엄청난 에너지가 생겼잖아!

스승님은 어디 계셔?
빨리 내 힘을
보여 드리고 싶어!

오빠…,
그 힘은….

오빠의 두 스승님과
엘프 여왕님의 능력이
합해져서 생긴 거야.

깜짝

그게 무슨
말이야?

오빠의 스승인
가짜 세계수가
부활했었어.

그건 나도
아는 일이잖아!

라케니스가
사기 친 거 말고 진짜로
부활했었단 말이야.

근데 오빠의
죽음을 보고….

내 제자를
살릴 방법이 있소.

방법이 있다고요?

정말 다행이에요!

*살아생전 : 이 세상에 살아 있는 동안.

*살아생전 그의 은혜를 입었던 세 명의 희생으로 흑태자를 살릴 수 있소.

한 사람을 살리기 위해 세 명이 희생돼야 한다고?!

헉!

목숨을 희생하는 게 아니라, 자신의 인생에서 가장 소중한 걸 포기해야 한단 뜻이다.

코메장

준언이의 형도 〈코메〉에 푹 빠졌었는데, 우리 준언이도 형 따라 〈코메〉의 재미에 푹 빠졌어요.
우리 두 아들, 〈코메〉를 즐겁게 읽으면서 몸도 마음도 항상 행복하고 건강하렴.
(박준언 어린이 어머니 | 광주광역시 북구 일곡동)

그 주문이라면 나도 알고 있소. 목숨만큼 소중한 걸 죽은 자에게 주고 되살리는 신성 마법!

이 녀석을 만나지 못했다면 난 아직도 아카이럼의 *하수인으로 살고 있었을 거요.

*하수인 : 남의 밑에서 졸개 노릇을 하는 사람.

평생 동안 수련하며 얻은 마법력을 내 삶을 바로잡아 준 델리키에게 주겠소!

마법력을…!!

델리키는 자신의 목숨을 걸고 절 구한 생명의 은인….

전 엘프에게 있어 목숨보다도 소중한 '고귀한 정신'을 델리키에게 주겠어요.

여황 폐하의 '고귀한 정신'을…!!

내게 소중한 건 생명뿐….

난 날 되살려 준
흑태자에게…
내 생명을 주겠소.

신과 같은 존재가
인간을 위해 생명을…!

우리 셋의 희생으로 흑태자를
살릴 수 있으니 이제 이
*숭고한 마음을 모아….

*숭고하다 : 뜻이 높고 훌륭하다.

잠깐-!

엘프 여황님의
'고귀한 정신' 대신
내가 희생하겠다!

넌 흑태자에게 은혜를 입은 적이 없을 텐데…?

여황님을 살린 건 우리 엘프 모두에게 큰 은혜다!

그러니 엘프족을 대표해 내게 있어 가장 소중한 엘프의 마법을 주겠다!

아니다! 이건 내가 해결할 일이야!

폐하, 전 이미 엘프로서의 몸을 잃었습니다. 하지만 폐하께선 모든 엘프의 희망이며 정신입니다.

폐하께서는 에우렐의 봉인을 푸셔야 하지 않습니까…. 부디 제 뜻을 받아 주십시오.

엄마, 〈코믹 메이플스토리〉 사 주셔서 고마워요! 엄마도 〈코메〉도 너무너무 사랑해요. 앞으로도 〈코믹 메이플스토리〉 쭈~욱 사 주세요! ^^

(김승민 | 광주광역시 광산구 운남동)

생명을 주면 당신은 사라지게 될 텐데….

흑태자는 내게 자식 같은 존재, 그가 사는 것이 곧 내가 사는 것이오.

델리키 역시 같은 마음이었는데…. 그 스승에 그 제자구려.

준비됐으면 주문을 시작하겠소.

이렇게 해서 오빠가 살아나게 된 거야.

흑 흑

마, 말도 안 돼!!

쿠 쿵

그럼 지금 스승님은 어디에…?

빠 즉

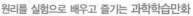

이렇게 걸으니 다시 젊어진 것 같은 기분이 드네요.

걸어 다니면 소화가 잘 돼 방귀도 뿡뿡 잘 나온답니다!

저는 엘프 여왕님께서 미안해하실까 봐 떠나지만, 야찰 님은 델리키 곁에서 더 가르쳐도 될 텐데, 왜…?

델리키를 잘 알기에 떠나는 겁니다.

그 녀석은 어떻게든 절 되돌려 놓으려 할 테니까요.

훌륭한 스승에 훌륭한 제자로군요.

어디로 가실 건가요?

엘프 여왕님이 가시는 곳으로 함께 가고 싶습니다만….

정해 놓은 곳이 없는데 괜찮으시겠어요?

그럼요~!

언제나 사랑하는 딸, 수현아~! 엄마 곁에 친구 같은 수현이가 있어서 행복해.
〈코믹 메이플스토리〉를 통해 수현이를 많이 사랑하는 엄마의 마음을 전한다~!
(이수현 어린이 어머니 | 경기도 고양시 일산서구 일산동)

이런 능력! 이런 생명!
다 필요없습니다!!

스승님-!!

사랑하던 분의
생명으로 제가 어찌
살겠습니까!!

존경하던 분의 능력을
제가 어찌 쓸 수
있겠습니까!!

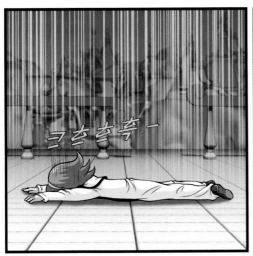

제가 어찌 스승님들의 생명과 능력으로 다시 일어설 수 있겠습니까!

오빠….

가짜 세계수가 오빠한테 이걸 전해 주랬어.

그걸 귀에 대 봐!

그 소라껍데기에 오빠의 기억을 담아 놓았대.

하늘둥지로
가야겠어.

이런 옷을 입고
아버지를 뵐 순
없지.

파팟

괜찮아…?

으….

넌…?
마비된 건 풀렸어?

다리 쪽은 아직….

크리스탈
가든은…?

공부와 엄마 잔소리에 지친 찬영이에게 휴식 같은 친구가 되어 주는 〈코믹 메이플스토리〉~!
우리 찬영이에게 좋은 친구가 되어 줘서 고맙답니다. 〈코메〉 파이팅!
(한찬영 어린이 어머니 | 경기도 고양시 덕양구 행신동)

잘 가라!

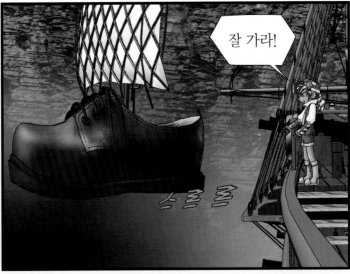

부디 네 아버지
테스토넨처럼
오르카에게 붙잡히지
않길 바란다!

미래의 해적
영웅이여….

걸려들었군!

조심해! 저 녀석 눈을 쳐다보면 안 돼!!

넌…? 어떻게 살아 있는 거지?

네 걱정이나 하시지! 수면 광선 같은 시시한 스킬 따위, 이 마스크엔 통하지 않거든!

*위력 : 상대를 압도할 만큼 강력함. 또는 그런 힘.

시시하다고? 네 친구가 내 주먹의 *위력에 대해선 말해 주지 않던가?

코메짱: 사랑하는 성원아! 엄마는 우리 성원이가 〈코믹 메이플스토리〉에 나오는 친구들처럼 모험심 많고 용기 있는 사람으로 성장하길 바란단다. 성원아, 사랑해~!
(한성원 어린이 어머니 | 경기도 화성시 석우동)

*75

그 정도 주먹쯤이야 피하면 그만이야!

과거의 영웅일 뿐인 네가 과연 그럴 수 있을까?

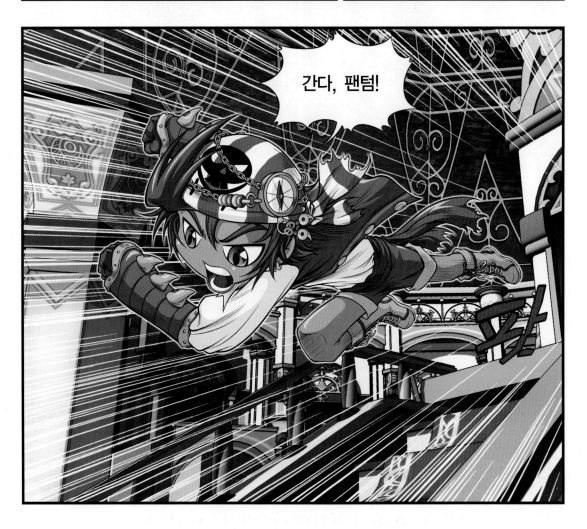

간다, 팬텀!

상대해 주마!

팟

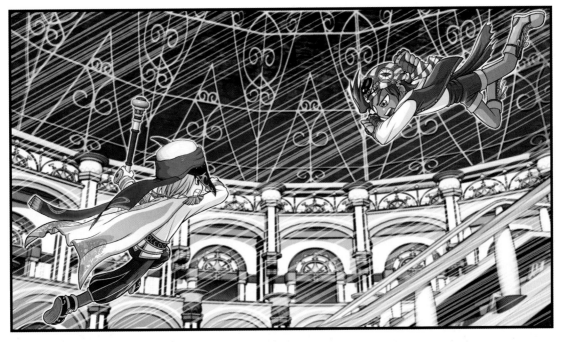

피스트 인레이지!

콰 콰콰 콰콰

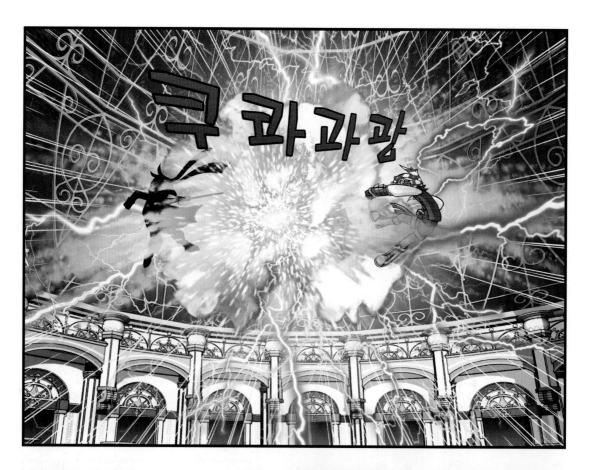

둘 다 엄청난
실력이야…!

승부는 이미 결정난 것 같은데!

이제 겨우 몸을 풀었는데 무슨 소리냐!

눈치채지 못했나? 난 널 왼손만으로 상대했다.

오른손은 왼손처럼 적당히 봐주지 않을 거다.

네 실력을 깨달았으면 이만 물러가!

검은 마법사 님을
봉인한 영웅의
실력답군.

검은 마법사 님이라고…?
봉인된 어둠을 *추종하는
어리석은 녀석이었나?

*추종하다 : 권력이나 권세를 가진 사람 등을 별 판단 없이 믿고 따르다.

비웃는 것도
지금뿐이다.
우리 블랙윙이 곧
그분을 부활시킬
테니까.

쿵!

뭐라고!

검은 마법사 님과
함께했던 이곳, 정말
오랜만이군요.

82 *

저 상자들은 뭐길래
가져온 겁니까?

지옥의 냉기에 감염된
심장들이에요.

저걸로
검은 마법사 님을
어떻게…?

암리타여,
죽은 심장들을
되살려라!

사라락

두근

두근

두근

이 심장의 주인들이
궁금하지 않으신가요?
바로 아란의 후손과
메르세데스의 사촌,
프리드의 후손,
그들의 펫과
드래곤이랍니다.

거기에 팬텀의
여동생과 아타르의
누나까지…,

모두 검은 마법사 님을
봉인한 영웅들의
핏줄이지요.

심장들이여, 원하느니
봉인석으로 변하거라!

오오~ 심장들이
봉인석으로…!!

암리타로 인해
되살아난 이 심장들은
세상 그 무엇으로도
변할 수 있죠.

이 봉인석을 깨 버리면…!

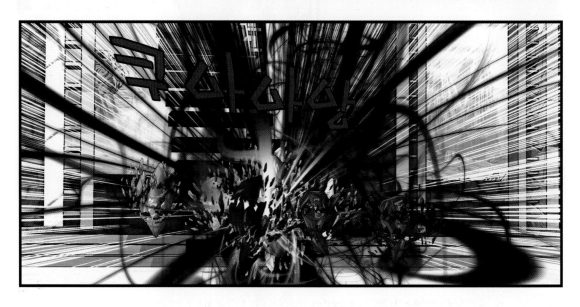

드디어
검은 마법사 님께서
깨어나신다!

미쳤군!!

그가 어떤 녀석인지
알고서 깨우려 하는
것인가!

우리가 모를 거라고
생각하나?
다른 건 상관없다.
우리 블랙윙은
그분의 절대적 힘을
따를 뿐이야!

슈미가 뽑았던
카드 점괘가 의미했던 게
이것이었나…?

쿵!

오르카 님 말씀대로
내 힘만으로 널 상대하기엔
역부족이군.

지, 지금
오르카라고 했나!!

하지만 너와 싸우라고
주신 오르카 님의 힘은
아직 내게 남아 있다.

아리아를 독살하고
내 동생을 감염시켜
죽인 그 마녀!!

네가 오르카의
부하라고!!

오르카 님께서 주신
힘으로 널…!

그래 봤자
내겐 안 통해!!

강한 것은
언제나 이긴다!

그래서 아름답지!
내가 블랙윙에
몸담은 이유다!

몸이…
움직이질 않아!

옛 영웅이여, 이제
과거가 되어 버려라!

아루루의 대반격?!

<코메 ⑤③> 퀘스트 트랙을 기대해 주세요!

Special Track
스페셜트랙예고!!

다음 페이지부터는 <코메>의 새로운 이야기
'신들의 계보'가 펼쳐집니다!

책장을 넘기기 전 잠깐!!

<코메>의 새로운 이야기 '신들의 계보'에서는

<코메>의 주인공들과 보스몬들이 <그리스신화> 신들의 역할을 맡아

최고신의 왕좌를 차지하기 위한 불꽃 튀는 대결을 벌일 것입니다.

왜 <그리스신화> 일까요? 그 이유는 본문 96~97쪽에서 확인해 보세요!

이제 책장을
넘겨주세요!
start

Special track

캐릭터 소개

에아
현모양처라는 소박한 꿈을 가진 소녀지만, 취미로 '신들의 계보'라는 예언서를 해독한 대가로 억울하게 반역죄에 몰린 신성가문 헤라가의 후손.

도도
천 년 전 황실에 저항하여 '신들의 전쟁'을 일으킨 세 영웅 중 한 명인 제우스의 후계자이나 영웅의식, 위기의식 제로인 낙천적인 소년.

아루루
올림포스 최고 서열의 신성가문 출신으로 능력 있는 야심가지만, 실수로 집안에 보관되어 있던 '신들의 계보'를 에아에게 주었다가 위기에 처한 아폴론가의 공작.

라케니스
황실의 반역을 예언한 '신들의 계보' 내용을 보고 아루루와 에아를 처리하기로 결심한, 올림포스 신국을 다스리는 무능한 신제.

마녀 키르케
황실에 위협이 되는 신성가문을 제거하라고 라케니스를 부추겨, 아루루를 비롯한 에아, 도도를 제거하려는 신제의 유모.

혼테일
저승의 입구인 림보와 저승을 군림하는 군주로, 카리스마 넘치는 외모와 달리 썰렁한 유머를 구사하는 신족 하데스가의 후손.

차례

"신들의 계보는 언제 부활하는가.
빛의 마차를 탄 천둥매가 비상하는 날….
시간의 어둠이 하늘을 삼킨 지 천 년…."
〈예언서 '신들의 계보' 중〉

〈코메〉의 새로운 이야기 '신들의 계보'에서 〈코메〉 주인공들은 왜 〈그리스신화〉 신들의 역할을 맡았을까요?
〈그리스신화〉의 신들은 다양한 인간의 원형을 상징하기 때문입니다. 다시 말해 여러분 친구들 가운데 제우스가 있고
아프로디테가 있으며 헤르메스가 있다는 뜻입니다. 물론 여러분 자신이 아폴론이거나 아르테미스일지도 모르죠.

신의 역할을 맡아 활약하는 〈코메〉 주인공들의 모험에 동참하는 동안, 여러분은 자신에 대해, 그리고 주변의 친구들과 가족들, 나아가 세상의 모든 사람들을 이해하게 될 것입니다. 그것은 앞으로 펼쳐질 여러분의 삶과, 또한 여러분이 모여 함께 만들어 낼 미래 세상에 대한 헤아림이기도 합니다. 자, 〈코메〉 친구들과 함께 새로운 모험을 떠나 볼까요?

맙소사!

내가 어쩌다…
이런 엄청난 문서를
해독해 버린 거지?

그, 그냥 고문서 해독이
재미있어서 취미로
한 것뿐인데….

나… 난 몰라.
모르는 일이야!

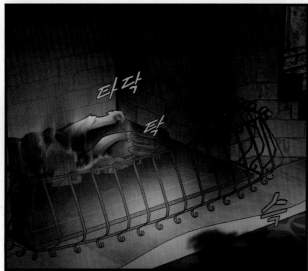

〈신들의 *계보〉…!

*계보 : 조상 때부터 내려오는 혈통과 집안의 역사를 적은 책.

〈아루루 아폴론 공작〉
올림포스 신국의 최고 신성가문
아폴론가의 신족

신제께서 날 찾는
이유는 한 가지뿐!
날 총리대신으로
임명하려는 거겠지.

나라꼴을 엉망으로
만들어 놓은
무능력한 신제가
기댈 곳은
나밖에 없잖아?

〈라케니스 크로노스 신제〉
올림포스 신국의 황제

〈마녀 키르케〉
라케니스 신제의 유모

어서 오세요, 공작.
향기로운 차를
준비했답니다.

신제께서
손수 차를…!

짐작대로야.
이제 본론을
말씀하시….

공작!
〈신들의 계보〉라는
예언서를 아나요?

네?

깜짝

천 년 전 크로노스
황실에 반역하여
전쟁을 일으킨
악신 제우스 편의
예언자가 썼다는
*불온한 문서죠.

째깍!

*불온하다 : 생각이나 태도 따위가 사회 질서에 반대하며 맞서는 성질이 있다.

아, 알고 있긴 하지만, 그건 아무도 본 자가 없는 전설의….

발견되었어요! 그 〈신들의 계보〉가…!

공작께서 헤라 가문에 보낸 고문서 뭉치 속에서 말이에요!

그, 그건…. 평소 친분 있던 에아 헤라 양의 부탁으로 집안 창고에 굴러다니던 고문서 뭉치를 보내 준 것뿐, 저는 그 안에 뭐가 섞였는지는 전혀….

코메짱

〈코믹 메이플스토리〉 51권이 4월 20일에 나오자마자 샀어요. 10번 읽었는데도 볼 때마다 재미있네요. 덕분에 스트레스가 많이 풀렸어요~!
(양현웅 | 대전광역시 유성구 전민동)

빛의 마차를 탄 천둥매가 비상하는 날….

이 구절은 아폴론 가문이 제우스 가문의 부활을 돕는다는 뜻일 텐데요!

저, 저는 모르는…!

부활한 제우스의 후예는 어디에 숨겨 놓았죠?!

전 정말 아무것도…!

아루루 아폴론 공작, 그대를 반역죄로 체포하겠어요!

그런 허술한 올가미로 날 옭아매겠다고?!

난 신국 최강의 신 아루루다! 감히 내게…!!

이제야 약 기운이 도는 모양이군.

방금 마신 차 속의 약물로 공작의 신력은 봉인됐다오.

〈코믹 메이플스토리〉는 많은 이벤트와 재미있는 이야기로 사람들을 행복하고 기쁘게 해 줘요. 역시 〈코메〉 짱!
(백초원 | 경상북도 구미시 옥계동)

좋다, 체포해라.
모든 진실은 법정에서
가릴 테니까…!

아니! 우린 다른
시나리오를
준비했다오.
반역자 아루루
공작이 폐하를
공격하려다 실패해
현장에서
처형된다는…

마, 말도 안 돼!

지금이에요,
폐하!

잘 가라, 건방진 공작.
사사건건 황실을 비판해대던
널 내 손으로 없앨 기회가
드디어 왔구나.

끝났군요. 잘하셨습니다, 폐하.

유모, 내가 대체 무슨 짓을 한 거지? 신성가문 *서열 최고의 신을 없애 버렸어. 다른 가문들이 알면 가만 있지 않을 텐데….

*서열 : 일정한 기준에 따른 순서.

걱정 마세요. 같이 반역죄로 엮어 버리면 그만입니다.

그런 좋은 방법이~!!

코메짱 우리 선준이~, 재미있는 어린이 책 〈코믹 메이플스토리〉를 통해 한글도 익히고, 상상력도 맘껏 키우길 바란다!
(박선준 어린이 어머니 | 서울특별시 강서구 염창동)

림보로 가는군….

아쉽긴 하네.
건방져도 신국 제일의
꽃미남이었는데….

폐하, 어서 부활한
제우스의 후예를 찾아
없애야 해요!

제우스의 후예?
여기 어디 적혀
있었던 것 같은데….
타버렸나 봐.

에아 헤라가 알고 있을
겁니다. 서두르세요, 폐하!
예언이 실현된다면 크로노스
황실은 끝장이에요!

〈헤라이온〉
헤라 가문의 저택

쩍 쩍

결국 한숨도
못 자고 꼴딱 샜어.

왜냐하면….

오늘은 내 약혼식 날이니까~!

번쩍

사러락

헤라 가문의 조상님들께 감사해야겠어. 올림포스 시티의 번잡한 도시 생활과 크로노스 궁의 화려한 사교 생활에 질려 이곳으로 오셨으니까.

취 궈

그분들이 신성가문의 특권을 버리고 자연 속에 파묻혀 평범한 사람들처럼 사신 덕분에…,

후손인 내가 궁궐의 바람둥이들과는 차원이 다른 듬직한 엔디미온 님을 만난 것 아니겠어?

팔 그 래

취!

코메짱 〈코믹 메이플스토리〉는 나의 외로움을 없애 주고, 슬픔을 달래 주며, 항상 곁에 있는 친구 같은 책이에요! (이세연 | 서울특별시 서초구 잠원동)

에아 양,
들어가도 되겠소?

네, 엔디미온 님~♥
들어오세요.

척

오~, 눈부시게
아름답군요.

엔디미온 님도
정말 멋지세요.

꼬옥

자, 어서 함께 약혼식장으로….

잠깐!

그 전에 먼저 할 말이 있소.

네?

인생이란 참으로 덧없군요. 마치 뜬구름처럼 어디로 흘러갈지 알 수 없다고나 할까?

뜬구름이 뭐…?

얼마 전 에아 양이 해독해 낸 〈신들의 계보〉라는 예언서 말이오.

그, 그걸 어떻게…?

사실 난 헤라 가문을
감시하기 위해
〈황실 정보국〉에서
*파견된 요원이오.
신국의 모든 신성가문엔
나 같은 요원들이
잠입해 있지.

*파견되다 : 일정한 임무가 주어져 사람이 보내어지다.

솔직히 너무나 따분한
나날이었소. 헤라 가문이
무슨 대단한 음모를 꾸밀
배짱이 있는 것도
아니고….

하암~

그런데 이렇게
대박이 날 줄이야…!
고맙소, 에아 양!
덕분에 두 계급
승진에 상금까지…!
흐흐흐.

에, 엔디미온 님,
무슨 말씀이신지
도무지 이해가….

씨익!

씨익!

뭘 굳이 머리 아프게
이해하려 하오? 그냥
받아들이면 되는 거지.
예언서를 보내 준
아루루 공작과
함께….

에아 양도 반역죄로 체포되어 처형된다는 사실을!

참, 아루루 공작은 이미 처형됐다던가?

〈코믹 메이플스토리〉는 너무너무 재미있어요. 원래 캐릭터들도 멋지고, 그리고 요즘 나오는 새로운 캐릭터인 팬텀도 진짜 멋있어요!
(이준화 | 경상남도 창원시 마산회원구)

당신이 *명색만 여신일 뿐 신력은 거의 없다는 거 알고 있소. 그러니 괜히 힘 빼지 말고 얌전히 갑시다.

*명색 : 실속 없이 그럴듯하게 불리는 허울만 좋은 이름.

알았어요. 그 대신… 마지막으로 작은 소원이 있어요.

당신을 진심으로 사랑한 제게 작별 인사로 입맞춤 해 주시겠어요?

흠흠, 이렇게 돼서 나도 마음이 안 좋소.

물론 티끌만큼….

알았소. 이리 오시오!

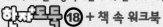

너, 인생
그따위로 살지 마!

부모님, 감사해요!
여름마다 물속을 휘저으며
놀던 개구쟁이로
키워 주셔서….

〈코믹 메이플스토리〉가 나오는 짝수달 20일이 되길 손꼽아 기다리는 정윤아!
친구들과 함께 〈코메〉를 보며 즐거운 추억도 많이 쌓길 바란단다.
(오정윤 어린이 어머니 | 서울특별시 성북구 장위3동)

어떻게 내게
이런 일이…!

나타나 줘서 고마워….
나 엄청 열 받았거든!!

코메짱 앞으로도 지금처럼 〈코믹 메이플스토리〉에 재미있고 유익한 내용 많이 많이
담아 주세요~! 종합선물세트 같은 〈코메〉! 다음 권도 기대할게요, 파이팅!
(조재준 | 경상북도 칠곡군 북삼읍 인평리)

취미 생활 좀 한 거 갖고 반역이라니…. 내 꿈은 *현모양처였다고!

*현모양처 : 어진 어머니이면서 착한 아내.

좋아…. 세상이 내게 반역을 권한다면… 기꺼이 받아들여 주지!

여, 여긴 저승의 입구인 림보…!

도망쳐야 해! 이대로 죽을 순…!

크…

심장이…!

어떻게 나한테 이런 일이…!!

림보에 온 걸 환영한다!
난 죽은 자의 영혼을
분리수거하는 〈스텀피〉
님이시다.

네 육체에서 영혼을
뽑아내 운반 담당인
〈카론〉영감한테
넘기는 게
내 임무지!

물러서지 못할까?
나는 아폴론 가문의
아루루 공작이다!

헉, 신족이세요?

그럼, 윗분
모셔와야겠네.

신력이 전혀
느껴지지 않는데…,
봉인됐나?

*다름없다 : 견주어 볼 때 비슷하거나 같다.

그럼 보통 사람과
*다름없어.
즉, 내 담당이란
말씀~!

두 달에 한 권씩 나올 때마다 기다렸다가 보게 되는 〈코메〉, 즐거워하는
성욱이의 마음이 저에게 전해져 저도 즐겁네요. 〈코메〉에게 감사해요.
(홍성욱 어린이 어머니 | 서울특별시 용산구 이촌1동)

너 잘 걸렸다! 안 그래도
거들먹거리는 신족들한테
불만이 많았거든.

최고로 아프게
분리수거해 주마!

 〈코믹 메이플스토리〉에 앞으로도 재미있는 내용이 가~득하기를 바랍니다! 〈코믹 메이플스토리〉여, 영원하라! ★
(김승기 | 경기도 부천시 오정구 오정로)

신력이 돌아왔다!

어떻게
봉인이 풀렸지?
갑자기 떠오른
그 새는…?

빛의 마차를 탄
천둥매가
비상하는 날….

소용없어,
넌 못 벗어나.

여긴 하데스 님의
땅이니까, 낄낄낄~.

한참 후

가도 가도…
끝이 없어.

당연하지.
림보도 저승이니까.

넓이가 무한대라
못 빠져나가.

암튼 오랜만에 사람
만나니 반갑네. 이것도
인연인데 우리 인사나
하자. 내 이름은….

하아,
까먹었네….

항상 신간 나오는 날짜를 정확히 지켜주는 〈코믹 메이플스토리〉, 고맙습니다.
우리 딸, 미수가 짝수달 20일에는 늘 기분이 좋아 저도 행복해요.
(김미수 어린이 어머니 | 서울특별시 마포구 중동)

보아 하니 너도 영혼분리수거를 용케 피한 모양인데, 실수한 거야. 차라리 분리수거되는 게 낫지….

날 봐! 림보를 떠도는 불쌍한 *몰골을…. 죽은 것도 아니고 산 것도 아니야….

*몰골 : 볼품없는 모양새.

나는 너하고 달라. 신족이란 말이다!

신족? 소용없어.

저승의 유일한 신은 하데스 님뿐이야. 인간이나 신이나 나머진 다 똑같지.

두고 봐, 너도 머잖아 나처럼 될 테니까. 벌써 조짐이 보이는걸?

헛소리하지 마!

못 믿겠으면 얼굴을 저기에 비쳐 보라고.

마, 말도 안 돼!

코메짱 〈코믹 메이플스토리〉 너무 재미있어요! ^^ 앞으로도 재미있는 〈코메〉 많이 많이 만들어 주세요. 파이팅! (정종민 | 서울특별시 중랑구 묵동)

아냐, 이건 내가 아니야!

쯧쯧, 나도 처음엔 그랬어.

저, 저승의 파수견 〈케르베로스〉 님이시다!

너도 빨리 죽은 척해!

이미 죽었는데 뭘?

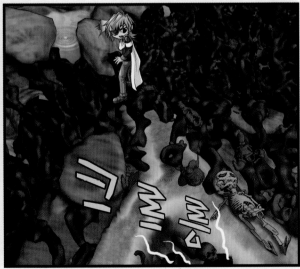

저승의 군주
하데스 가문의
혼테일 폐하께서
널 만나고자 하신다!

*경배 : 존경하는 마음을 담아 공손히 절하는 것.

하데스!

하데스 님께
걸리면 진짜
끝장이야!

뭐 하느냐!
어서 폐하께
*경배하지 않고!!

아니, 그만둬.

우린 같은 신족이니까 그런 건 생략하자고. 안 그런가? 아루루 공작?

어차피 경배 따위 할 생각도 없었어!

폐하, 저 건방진 자를 그냥 두고 보실 겁니까?

크르릉

됐다, 케르베로스.

여길 별로 좋아하지 않는 것 같군.

여길 좋아하는 사람도 있냐?

그럼 내보내 줄까?

쿵

코메짱 〈코믹 메이플스토리〉를 통해 새민이의 상상력이 쑥쑥 자라나서 장래에 꿈을 이룰 때에도 많은 도움이 되었으면 좋겠어요. (김새민 어린이 어머니 | 대구광역시 수성구 용학로)

지금 날 놀리는 거냐?

폐하, 절정의 유머 감각이시옵니다!

나 무서워 죽을 것 같아!

나는 말장난 따위 하지 않는다. 말보다는 유황불이나 기름 가마솥을 즐겨 쓰는 편이지.

놀리는 게 아니라면… 조건이 있겠군.

물론이지. 훗날 내 부탁 하나를 들어주면 돼. 뭐, 그 얘긴 천천히 하자고.

지금 말해! 나중에 네가 무슨 부탁을 할지 알 게 뭐야?

뻐럭

이제 보니 나보다 유머 감각이 한 수 위로군.

그 처지에 저승의 군주를 상대로 *흥정하려 들다니 말이야.

*흥정 : 어떤 문제를 자기에게 조금이라도 더 유리하도록 상대편에게 수작을 거는 것.

어찌할 테냐, 아폴론 가문의 아루루?

받아들이겠다, 하데스 가문의 혼테일!

좋아.

이로써 계약은 이루어졌다. 잘 가라, 아루루 공작!

코메짱 도도와 친구들이 힘을 합쳐 검은 마법사와 싸우는 것처럼 저도 아루루, 바우 같은 절친이 생겼으면 좋겠어요.
(이채영 | 부산광역시 화명동 화명신도시로)

저승에서
빠져나온 건가…?

멍청한 녀석!
올림포스 시티
북쪽에서 만세는
무슨 만세야?

하하, 괜찮은 출발이야.
신족의 화려한
옷보다야…

알몸이
어울리지….

이 복수의
화신한테는….

우선 옷부터
구해야겠군.

〈코메〉는 더욱 흥미진진해지고 재미있어지는 것 같아요. 교육적으로도 알찬
내용 많이 넣어 주세요. 동환이의 좋은 친구, 〈코믹 메이플스토리〉 파이팅!
(김동환 어린이 어머니 | 충청남도 천안시 서북구 두정동)

어르신, 말씀 좀
여쭙겠습니다.

여기가 〈릭토스〉
맞나요?

맞는디….

감사합니다!

못 보던 얼굴이네?

제 딴에는 정체를 숨긴답시고 저렇게 가리고 다니는 모양인디…, 저러니까 더 티가 나.

수근

수근

그러게. 아주 쫓기는 몸이라고 광고하고 다니는구먼.

어디 하나 모자른 애 아녀?

수근

수근

후우~, 날이 덥네…

예언서
〈신들의 계보〉에
의하면…,

천 년 전 크로노스
황실에 저항하여 '신들의
전쟁'을 일으킨 세 영웅들,
물론 황실에선 세 악신이라고
부르지만….

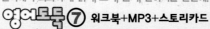

아무튼
제우스, 아프로디테,
헤파이스토스 가문의
세 영웅들은…

*패색이 짙어지자
각자의 가문을 이을
세 아기를 마법으로 깊은 잠에
빠지게 한 후, 각각 은밀한 장소에
숨겼다고 해. 정확히 천 년 후 깨어나
조상들의 못다 이룬 꿈을 이어
나갈 수 있도록 말이지.

*패색 : 싸움에 질 기미.

그리고 그중
한 아이, 반란을
이끌었으며 일명
'천둥매'로 불리던 제우스
가문의 후계자가…

○ ○ ○…

코메짱 제 감정의 샘 〈코믹 메이플 스토리〉!! 〈코메〉를 집중해서 보면 기쁨, 웃음, 감동,
슬픔, 우울, 짜증, 화 등 여러 가지 감정이 생겨요.
(김예림 | 충청남도 당진시 송악읍 가학리)

바로 이 릭토스 산
정상의 동굴에
숨겨졌다는 거야.
아이고, 힘들어….

신들의 전쟁으로부터
정확히 천 년 후 아기가
깨어난다고 했으니까,
내 계산대로라면….

그 후계자는
내 또래일 거야.

워매~. 여기서
또 보는구먼.

아, 아저씨들이 여긴 어떻게…?

우리야 산 너머 콩밭에 *김매러 가제.

*김매다 : 논밭의 잡풀을 뽑아내다.

근디 자넨 멀쩡한 지름길 놔두고 왜 암벽을 타고 올라왔댜?

쯧쯧, 머리가 나쁘면 몸이 고생한다더니….

제가 이곳은 처음이라…, 혹시 이 근처 동굴에….

아, 뭐라고 하지? 제우스란 이름을 얘기했다간 위험할 텐데….

동굴? 아~, 제우스 가문의 후예?!

천 년 만에 부활했다는 걔를 찾아왔는갑제?

그런가 보네.

제우스 후예를 아세요?

알지 왜 몰러? 우리 동네에선 똥개도 다 아는 앤디….

아…, 이 분들은 제우스 가문이 *역적이란 걸 모르시나 봐.

제우스 가문이 역적이라 동네에서 유명하제?

그렇지. 신고하면 현상금이 엄청나다던디….

* 역적 : 자기 나라나 민족, 통치자를 반역한 사람.

그런데 왜 신고 안 하셨어요?

떼끼! 동네 사람들끼리 그라면 못 쓰제!

암, 턱도 없는 소리!

진정한 영웅은 백성들이 감싸고 지켜 준다더니….

존경합니다.
여러분이야말로
이 시대의 양심이세요…!

애가 갑자기
왜 이랴?

그럼, 지금 그 소년…
제우스 가문의 후예는
어디 있나요?

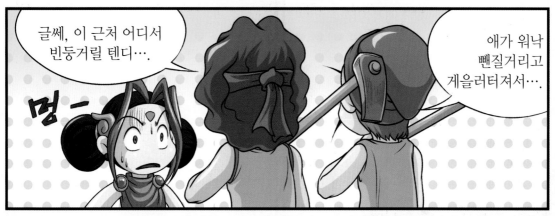

글쎄, 이 근처 어디서
빈둥거릴 텐디….

애가 워낙
빼질거리고
게을러터져서….

* 호걸 : 지혜와 용기가 뛰어나고 기개와 풍모가 있는 사람.

영웅에게 너무
막말하시는 거
아니에요?

영웅? 걔 조상이
영웅일진 몰라도
걔는 결단코 아녀!

암, 걔가 영웅이면
우리 집 개는
*호걸이지!

코메짱 〈코믹 메이플스토리〉는 항상 다음 편이 정말 기대돼요. 기다리는 두 달이
정말 길게 느껴집니다. 〈코메〉를 읽으면 쌓였던 스트레스가 확~ 풀려요.
(이준기 | 대구광역시 달서구 월성동)

 ·155

뭐야, 뭐가 어떻게 돌아가는 건지….

아, 그래! 그 소년을 보호하기 위해 일부러 바보 취급하시는 게 분명해!

여러분…!

얘가 아까부터 왜 자꾸 그런댜?

암튼 저쪽으로 가면 동굴이 하나 있어. 거기서 찾아봐.

감사합니다!

기다려라! 혁명의 상징 천둥매…, 제우스의 후예여!

아, 저기다!

두둥

천둥매 *표식이
새겨져 있어!

제우스 님—!

탁 탁

멈칫

뚝

슥

어머, 얜 뭐야?

보아하니 제우스 님의
하인 같은데, 대낮부터
참 잘~도 잔다.

얘, 얘 일어나!

흔들

코메짱
제 소원은 〈코믹 메이플스토리〉가 매일 한 권씩 나오는 것이에요.
〈코메〉를 사 주시는 엄마한테는 무리가 되겠지만 말이에요. 크크크!
(김시우 | 경상남도 진주시 초전동)

누… 누구세요?

올림포스 신국의
신성가문 중 으뜸인
대 헤라가의 후계자이며
눈부신 아름다움으로
칭송 받는 에아 헤라
여신님이란다!

흐음…, 줄여서
에아 여신님으로
기억해 둬.

멍 -

삐질

어쨌든 제우스 님께
내가 왔다고 전하렴.

네.

멈칫!

그런데
내가 제우스인데요.
도도 제우스….

훅

뭐?

네가 감히 제우스 님 *행세를 하고 다녀?! 가만 안…!

진짜예요. 이거 봐요.

척

*행세 : 다른 사람인 것처럼 행동하는 것.

● ● ● ●

천둥매가 왜 네 손에 있어?! 네가 먹물로 그려넣은 거지?

헉! 아무리 문질러도 안 지워지잖아?!

그럼… 얘가 진짜?!

코메짱 학교 시험에서 평균 90점 이상 받으면 〈코메〉를 사 주겠다고 한 약속 덕분에 우리 준희가 반에서 1등한 적이 있답니다! 공부에 대한 동기 부여해 주는 〈코메〉, 고마워요.
(이준희 어린이 어머니 | 경기도 동두천시 지행동)

아냐, 그럴리 없어!
넌 쌍둥이인 게 분명해!
네 형은 어딨어?
어서 형
불러 오지 못….

형 없는데요?
저 혼자 이 동굴에서
태어났어요.

형제 없다는
증거 있어?
증거를
말해 봐!
어서!!

나불
나불

절 갓난아기
때부터 키워 주신
〈아말테아〉 아줌마가
그랬어요.

그럼 그분께
물어봐야겠다!
지금 어디 계시니?

이 근처에서 풀 뜯고
계실 텐데….

확인하게 어서
모셔 와. 네가 몰라서
그렇지 형제가 분명
있을 거야. 아니,
있어야만 해!

뚜벅 뚜벅

〈코믹 메이플스토리〉가 51권까지 나와서 너무 좋아요.
앞으로도 쭈욱~ 나왔으면 좋겠어요.
(임하경 | 경상남도 진주시 초전동)

나한테 형제가 있는지 물어보면 되는 거죠?

매애~ 매애~ 매애~

매애~

전~혀 없대요. 이 동굴에서 태어난 제우스 가문의 후예는 나뿐이래요.

약 한 시간 후

쭈욱

질겅

질겅

도저히 믿어지지가 않아!

저 꾀죄죄한 애가 제우스의 후예라니….

침 울

야!

네?

네가 제우스의 후예라고 치고….

치는 게 아니라 진짜 제우스의 후옌데….

말 끊지 마! 나 지금 기분 별로거든!

네….

빠직

어쨌든 네가 제우스의 후예가 맞다면, 네겐 반드시 가야 할 운명의 길이 있어!

코메짱

〈코믹 메이플스토리〉 정말 재미있어요. 전 영원한 〈코메〉 팬이에요.
송도수, 서정은 작가님 파이팅!
(하륜 | 부산광역시 연제구 거제2동)

•165

그게 뭔데요?

조상의 빛나는 정신을 되살려 사악한 크로노스 황실을 물리치고 신국을 해방시키는 거룩한 *투쟁의 길!

싫은데요.

*투쟁 : 목적한 것을 이루려고 힘차게 나서서 싸우는 것.

왜?

힘들고 재미없을 것 같아요.

잘 들어! 이건 재미있고 없고를 떠나 반드시 해야 할….

싫다니까요~. 전 힘 안 들고 재미있는 일만 할 거예요.

그런 일이 뭔데?

빈둥거리는 거요.

해질 때까지
빈둥거리다
자야지~.♬

네가 매를 버는구나!!

아줌마,
고마워용~.

〈코메〉, 우리 아이 영진이의 영원히 재미있고 유익한 친구가 되어 주세요.
그러려면 영원히 책이 나와야되겠죠? ^^
(김영진 어린이 어머니 | 대전광역시 중구 오류동)

그래, 그만둬!
나도 안 해!

에아 헤라를
반역죄로
사형에
처하노라!

내가 살 길은 하나야!
예언대로 크로노스 황실을
무너뜨리고 제우스를
중심으로 신들의 계보를
부활시키는 것!

할 수 없다.
최후의 수단을
쓰는 수밖에….

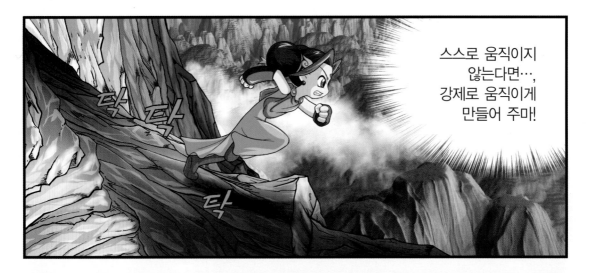

스스로 움직이지
않는다면…,
강제로 움직이게
만들어 주마!

역적을 신고합니…!

아저씨들이
이곳에 왜…?

요즘 시골엔 젊은이가
없어서 큰 문제여~.
경찰관 시킬 사람도
없다니께!

별수 있남?
우리라도 해야지.

근디 지금
역적이라고 했남?

혹시 도도 말인겨?

맞아요,
도도 제우스!

51권
재미짱
1위
아카이럼이 도망치는 주카를 쫓다가
머리카락이 엉켰을 때.

핫,
나 참-.

지금
농담한겨?

개 *관상을 봐!
역적질하게
생겼나….

게을러터진 게 죄라면
걔는 최소한 무기징역이여!
하지만 역적하고는
사이즈가 안 맞제.

*관상 : 운명, 성격 등이 나타난다는 얼굴 생김새.

내가 웬만해선 이 방법은
안 쓰려고 했지만….

할 수 없다!

51권
재미장

2위 콧바람 한 방으로 도도를 노예 삼았다는 데몬슬레이어
의 말에 아카이럼이 속았을 때.

에아 헤라는 아직
못 찾았어?

그, 그게…
시골 출신이라 그런지,
도망치는 재주가….

깜짝

똥-똥-

저건…!

신성가문에서
직통 연락을…?

어느 신성 가문이지?

척척

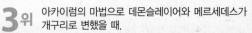

51권
재미짱

3위

아카이럼의 마법으로 데몬슬레이어와 메르세데스가
개구리로 변했을 때.

나다,
이 사악한 신제야!

에아 헤라?!

네가 찾던 제우스
가문의 후예가
릭토스 산에 있다!
이름은 도도!
어서 병력 보내!

함께
자수하겠다는
거냐?

아니거든!
자수해도
안 살려줄
거잖아!!

그럼 왜 신고를…?

불만이니?
그럼 취소할까?

아… 아니오,
신고 잘했소!

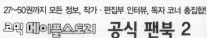

올림포스 시티
북쪽 구역

저기군.

바로 이곳이 수상쩍은 자들이 모두 모인다는 시티 뒷골목…!

왠지 느낌이 안 좋아. 누군가 미행하고 있는 것 같은데….

정체를 확인해 봐야겠어!

코메짱

〈코메〉 1권부터 51권까지 저에겐 모두 친구같이 소중한 존재랍니다.
슬플 때나 우울할 때 위로가 되는 내 단짝친구, 〈코메〉 파이팅!!
(김수지 | 부산광역시 동래구 복천동)

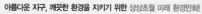
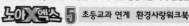

너희는…
저승 똥개?

여태 내 뒤를 몰래
따라다닌 거냐?

이건
혼테일 폐하의
명령이시다!

말조심해! 감히 저승의
군주, 혼테일 하데스
폐하의 특별보좌관인
신수 케르베로스
님한테 똥개라니!!

네가 혼테일 폐하와 계약한 이상, 폐하께선 네 행동 하나하나를 알 권리가 있으시다!

쳇….

어차피 이제부턴 함께해야 할 테니, 정식으로 인사 나누지. 난 리더, 케르!

난 예언 담당, 로스!

난 작전 담당, 베!

우리는 케르베로스!!

잘 지내보자, 아루루.

180 ★

예언 담당 로스,
너희한테 앞으로
무슨 일이 일어날지
예언해 봐.

음….

파

걷어차여…!

바로 그거야!

내 말 똑똑히 들어! 여긴
저승이 아니라, 이승이야!
멍청하게 티 내다, 나까지
곤란하게 만들면
가만 안 뒤!!

알았어. 근데 이승 똥개처럼 굴려면 어떻게 해야 되지?

남들 있는 데선 지금처럼 말하면 안 돼! 개답게 "멍멍!"이라고 짖어! 어디 한번 해 봐!

되게 어색하지?

외국어는 자신 없는데….

응, 딥다 어색해.

그리고 또 지켜야 할 게 있나?

있지! 가장 중요한 거….

똥개라면 똥을 먹어야 해!

자신 없냐?
그럼 저승으로
돌아가!

폐하께서 우리를 믿고
특별히 맡기신 임무인데,
절대 포기할 수 없지!

한번
먹어 보마.

먹어 보는 게 아니라
매일매일 즐겨
먹어야 해!

알았어….

그럼 오늘은
짖는 것과 먹는 것을
연습해라.

*시범 : 어떤 일을 본보기로 해 보이는 것.

흐음…, 특별 회원 한 분이 널 *보증해 주셨다.

저 고양이를 따라가 봐.

야옹~

*보증 : 사람, 일, 물건 등이 틀림없다고 책임지고 증명하는 것.

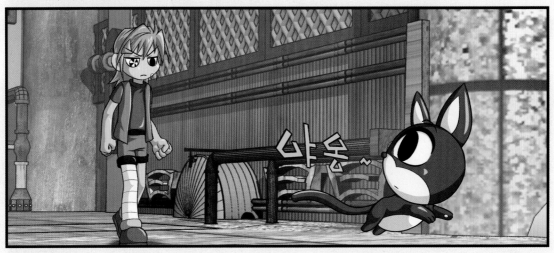

야옹~

깜짝

스르륵

52권
편집후기

〈코메〉가 〈투 트랙 시스템〉으로 더 멋있어졌습니다!! 언제나 새로운 〈코메〉를 위해 작가님들과 편집부가
머리를 맞대고 고민해서 탄생한 〈투 트랙 시스템〉! 기쁨도 2배, 사랑도 2배, 내용도 2배로 꽉꽉 채웠답니다.
앞으로도 도전을 멈추지 않겠습니다! 사랑은 노력하는 거니까요~!^^ 〈새로움에 두근두근 설레는 편집부 떡볶꼬미〉

이 소녀가 특별 회원…?

〈코메⑤③〉 스페셜 트랙을 기대해 주세요!

코믹 메이플스토리 왁자지껄 만화가 서정은의 화실이야기

오빠의 꼼수

무궁화 꽃이…

피었습니다!

무궁화 꽃이 피었습니다!

오빠 백 번 다했어~!! 참기 힘드니까 빨랑 나와!!

곧 나갈게! 오백 번만 더 하면…

동생의 반격

출판사 전화야! 빨랑 받아!

드르륵~

오빠, 출판사에서 또 전화왔어! 얼른 받아!

자는 척하는 거 다 알거든!!

오빠, 이모부가 낚시 가자는 전화야!!

추라락

네, 네, 지금 열심히 원고하고 있었어요. 곧 마감되니….

코메 소식통

〈코메소식통〉은 〈코믹 메이플스토리〉를 사랑하는
이들이 함께 만들어 가는 공간입니다. 애독자엽서와 〈서울문화사 아동기획팀〉 카페
〈http://cafe.naver.com/ismgadong〉를 통해 많이 많이 참여해 주세요~!!

1 코메 가 간식 쏜다!

간식을 받고 싶은 사연을 엽서에 적어 보내 주시면
즐거운 자리에 〈코메〉가 간식을 보내 드립니다. 반 친구들과 함께
기쁨을 나누고 싶다면 학교로, 가족과 함께 즐기고 싶다면 집으로
간식을 보내 드려요. 또한 간식을 받은 후 기념 촬영한 사진을
편집부로 보내 주시면 문화상품권(2만원)을 추가로 보내 드립니다.

★ **응모방법** : 애독자엽서
★ **응모기간** : 2012년 6월 20일 ~ 2012년 7월 20일
★ **발표** : 2012년 8월 1일 개별 통보 후 〈서울문화사 아동기획팀〉 카페 공지
★ **선물** : 10만원 상당의 간식(1명)
★ **배송일** : 2012년 8월 10일까지

52권의 〈코메가 간식 쏜다!!〉 코너에서는 투 트랙 시스템 출발을 기념하기 위해
특별히 두 분의 독자께 간식을 선물했습니다.

51권 당첨자

김준우 (인천광역시 남구)
논에서 열심히 일하시는 할아버지께 맛있는 간식을 드리고 싶다는 준
학생 앞으로도 할아버지를 많이 도와드리겠다는 약속 잊지 마세요.

51권 당첨자

김상완 (전라북도 정읍시)
상완 학생이 병원에서 항암치료를 할 때 많이 도와주셨던 의사, 간호사
선생님께 맛있는 간식을 대접했어요. 상완 학생~ 얼른 건강 회복하여
다 나았다는 엽서 꼭 보내 주세요~!

2 코메 보고 상상하자!

여러분의 상상력을 펼쳐 오른쪽 말칸에 대사를 넣어 보세요.

★ **응모방법** : 〈서울문화사 아동기획팀〉 카페(http://cafe.naver.com/ismgadong)
★ **응모기간** : 2012년 6월 20일 ~ 2012년 7월 20일
★ **발표** : 2012년 8월 1일 〈서울문화사 아동기획팀〉 카페 공지 후 개별 통보
★ **선물** : 기발상 | 문화상품권 3만원(1명), 재치상 | 문화상품권 1만원(2명)
★ **배송일** : 2012년 8월 10일까지

52권 상상장면

51권 당첨자

파풀라투스랑
싸울 때는 유연하게
바늘도 피했는데
지금은 왜 손이 발에
안 닿는 거지? 열심히
운동해야지!

상상하자 기발상 | 드림팀(zoowell)
http://cafe.naver.com/ismgadong/23045

집중! 숨찾사

숨겨진 그림을 찾는
사람은 집중력이 쑥!

? 서정은 작가님이 본문 그림 속에 〈수학도둑 28권〉 표지
두 개를 숨겨 놓았어요. 눈을 크~게 뜨고 책을 잘 살펴 보
세요~! 관찰력과 집중력이 쑥쑥 높아집니다.

• 51권 숨찾사 발표 : 172쪽, 179쪽
• 52권 숨찾사 발표는 〈코메 53권 (2012년 8월 20일 출간 예정)〉에서 합니다.

3 코메 따라잡기!

〈코믹 메이플스토리〉 주인공들의 의상이나 표정, 동작 등을 자유롭게
따라해 보고 사진을 찍어 설명과 함께 〈서울문화사 아동기획팀〉
카페에 올려 주세요. 5명을 선정하여 선물을 드립니다.

★ **응모방법** : 〈서울문화사 아동기획팀〉 카페(http://cafe.naver.com/ismgadong)
★ **응모기간** : 2012년 6월 20일 ~ 2012년 7월 20일 ★ **배송일** : 2012년 8월 10일까지
★ **발표** : 2012년 8월 1일 〈서울문화사 아동기획팀〉 카페 공지 후 개별 통보
★ **선물** : 1등 | 문화상품권 5만원(1명), 2등 | 문화상품권 3만원(1명), 3등 | 문화상품권 1만원(3명)

4 코메한테 고민을 털어놔!

> 어린이청소년 클리닉
> 〈행복한아이연구소〉
> 서천석 원장님께서 여러분의
> 고민을 해결해 드립니다.

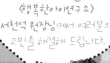

Q **51권 고민 사연**(정희수(가명), 초등6)

어른들에게 어른과 다른 생각을 얘기하면 말대꾸 한다고, 버릇없다고, 어른 말에 토 달지 말라고
꾸중을 들어요. 제 생각을 얘기한 것뿐인데 그럴 때마다 너무 속상해요. 어른들께 제 의견을 어떻게
표현해야 될지 알려 주세요.

A 말대꾸하지 말라는 어른들의 이야기는 옳지 않아요. 말을 하면 대꾸를 하는 것이 당연한 것인데 어
른들은 말대꾸를 하지 말라며 어린이들의 말을 끊으려 하죠. 어린이들도 자신의 생각이 있는데 말이
에요. 우리나라 어린이들이 세계 어느 나라 어린이들보다 똑똑한 데도 이런 대접을 받고 자라다 보
니 대학생이 되면 질문도 못하고 자기 생각도 제대로 못 말하는 사람이 되고 맙니다. 저는 어른들이 어린이들
의 주장을 무시하지 않고 더 격려해야 한다고 생각해요. 다만 말이란 듣는 상대를 생각해서 해야 합니다. 즉, 말
의 주인이 누굴까 생각해 보는 거예요. 말의 주인은 말을 하는 사람일까요? 아니면 말을 듣는 사람일까요? 내
입에서 나오는 말이니 그 주인은 나일 것 같지만, 사실 말의 주인은 내 말을 듣는 상대방입니다. 자기를 위해서
라면 굳이 말을 할 필요가 없어요. 혼자 생각하면 그만이지요. '말'이란 남이 내 생각을 들어 주길 바라서 하는
것입니다. 그래서 말을 할 때는 상대가 들을 수 있을 때에, 상대가 듣기 좋게, 상대방의 입장을 생각해서 말해야
합니다. 그래야 내가 말한 목적이 잘 이뤄집니다. 그렇지 않고 내가 말하고 싶은 때, 내가 말하기 좋게, 내 입장
에서만 말하면 오히려 역효과가 나요. 상대는 내 말을 안 들으려 할 것이고 결국 말하는 입만 아프지 얻는 것은
없을 것입니다. 그러니 평소에 한번 관찰하고 생각해 보세요. 어른들은 어떻게 말하면 좋아하는지, 어떤 때 내
말을 귀 기울여 듣는지를요. 아마 대부분의 어른들은 자신의 말이 끝나자마자 희수 양이 의견을 말하는 것보다
는 잠시 생각한 후 말하는 걸 더 좋아하실 거예요. 또 가급적 공손히 말해야 합니다. 좀 치사하지요? 어쨌든 그
래요. 더 중요한 것은 자신이 한 말을 꼭 실천에 옮길 때 어른들은 희수 양을 존중할 겁니다. 희수 양도 부모님
이나 선생님이 약속을 어기면 그 말을 믿지 못하잖아요. 마찬가지로 희수 양도 한 번 말한 것은 잘 지켜야 부모
님이나 선생님이 희수 양의 말을 더 진지하게 들으신답니다.

> 한껏 당당하게
> 자신의 생각을
> 전달하는 어린이라니,
> 참 훌륭해요!

★ **응모방법** : 애독자엽서 ★ **응모기간** : 수시 접수 ★ **발표** : 〈코믹 메이플스토리 53권〉
(2012년 8월 20일 출간 예정) ★ **선물** : 문화상품권 2만원(1명)
★ **배송일** : 2012년 8월 10일까지

서천석 원장님께서는 서울대학교 의과대학 및 대학원을 졸업하시고, 서울대학교병원 신경정신과
전문의 과정을 수료하신 후 현재 〈서울신경정신과〉에 계십니다.

〈코메〉 퀴즈 풀고
〈코메〉 에코백 타자!

100분께 드려요!

'투 트랙 시스템'으로 새롭게 바뀐 〈코메 52권〉 출간을 축하하며 독자님들을 위해 〈코메〉 에코백 타기 이벤트를 준비하였습니다. 퀴즈의 정답을 맞히신 독자님들 중 100분을 추첨하여 〈코메〉 에코백을 선물로 보내 드립니다.

🍁 투 트랙 시스템이란?

2대의 기관차가 2개의 철로를 나란히 달리는 모습처럼, 한 권 안에 두 가지 이야기가 펼쳐집니다. '퀘스트 트랙'에선 게임과 관련된 〈코메〉이야기가, '스페셜 트랙'에선 그리스신화와 관련된 〈코메〉의 새로운 이야기 '신들의 계보'가 펼쳐집니다.

퀴즈 한 권에 두 가지 이야기가 들어가는 〈코메〉의 새로운 시스템을 무엇이라고 할까요?

정답 ☐ 트랙 시스템

〈코메〉에코백으로 우리 모두 환경사랑!

- ● 응모 방법 : 〈코메 52권〉 애독자엽서에 정답을 적은 후 우체통에 넣어 주세요!
- ● 응모 기간 : 2012년 6월 20일 ~ 2012년 7월 20일 (20일 날짜 도장까지 해당)
- ● 당첨 발표 : 2012년 7월 31일, 〈서울문화사 아동기획팀〉 공식카페
  - ★ 〈서울문화사 아동기획팀〉 공식카페 : cafe.naver.com/ismgadong
- ● 선물 발송 : 2012년 8월 10일까지 〈코메〉 에코백을 보내드립니다.
- ● 주의 사항 : 1) 퀴즈 정답은 꼭 한글로 적어 주세요.
  - 2) 선물을 받으실 주소와 전화번호, 이름을 정확하게 적어 주세요.